Das andere Eden

John Pfahl

Das andere Eden

Ausgefallene Gartenkunst in Amerika

mit einer Einführung von
Rebecca Solnit

aus dem Englischen von
Eva Schweikart

Gerstenberg Verlag

Der botanische Zirkus oder:
Versuch über die amerikanische Gartenkunst

von Rebecca Solnit

Das Problem heißt Eden, keine Frage. Der Paradiesgarten steht für die Vorstellung von der Natur, wie sie sein sollte, weniger dafür, wie sie ist. Wer einen Garten haben möchte, der Eden gleicht, gestaltet ihn mit viel Mühe so, dass er nicht mehr der Natur ähnelt, d.h. dem nichtkultivierten Land ringsum mit seinen Mustern, wie sie sich ohne fremdes Zutun durchsetzen. Wenn Gärten reine Natur wären, würden wir ein Stück Land einfach sich selbst überlassen, und Wind, Vögel und die in der Umgebung wachsenden Pflanzen würden Samen darauf verstreuen und der Regen für die Bewässerung sorgen. Aber selbst in den feuchten gemäßigten Zonen, ganz zu schweigen von den Wüstengegenden des amerikanischen Südwestens, muss Einfluss auf Boden- und Wasserverhältnisse genommen werden, damit nichtheimische Pflanzen dort wachsen können. Eden dient als Wunschbild, als Plan einer idealen Natur, dem jeder Gärtner verhaftet ist. Allerdings gibt es nicht zwei Gärtner, deren Visionen vom Paradies exakt übereinstimmen – manch eine ist, wie die Fotos in diesem Buch zeigen, ausgesprochen märchenhaft und überbordend. In das Ideal des Gartens als verbesserter Natur, als Paradies, sind individuelle Vorstellungen wie historische Entwicklungen eingeflossen (wobei der Begriff »Paradies« ursprünglich ein eingehegtes Stück Land nach Art des formalen islamischen Gartens bezeichnete, dessen Grundriss auf vielen Perserteppichen zu sehen ist).

Wir lieben die Natur, wie ein Kind Vater oder Mutter liebt, Gärtner dagegen lieben ihre Gärten wie Eltern ihre Kinder: mit einer ausschließlichen, tyrannischen, großartigen Liebe, vergleichbar der von Museumsdirektoren, Verlegern oder Tierbändigern. Der amerikanische Schriftsteller Henry David Thoreau denkt in *Walden* vom Standpunkt eines Gärtners darüber nach, wenn er von einem selbst angelegten Bohnenfeld erzählt: »Ich fing an, meine Reihen, meine Bohnen zu lieben, obwohl ihrer so viele mehr waren, als ich brauchte. Sie banden mich an die Erde, und so empfing ich Kraft wie Antäus. Wozu ich sie aber pflanzte, das weiß nur der Himmel. Es war den ganzen Sommer durch meine sonderbare Beschäftigung, diesen Teil der Erdoberfläche, der bisher nur Fünfblattklee, Brombeeren, Johanniskraut und wild wachsende Beeren und zierliche Blumen hervorgebracht hatte, zu zwingen, jetzt diese Hülsenfrucht zu tragen. Was soll ich von den Bohnen lernen, oder was sie von mir? Ich liebe sie, ich hacke sie, früh und spät sehe ich mich nach ihnen um; und das ist meine Tagesarbeit. Wie ein schönes, breites Blatt liegt das ganze Feld vor mir. Meine Gehilfen sind Tau und Regen, welche diesen trockenen Boden befeuchten (...). Meine Feinde sind die Würmer, kalte Tage, vor allem aber die Murmeltiere. (...) Ein langer Krieg, nicht mit Kranichen, aber Unkräutern, jenen Trojanern, die Sonne, Regen und Tau auf ihrer Seite hatten. Täglich sahen die Bohnen, wie ich ihnen mit der Hacke zu Hilfe kam und die Reihen ihrer Feinde lichtete, dass sich die Gräben mit Unkrautleichen füllten.«

Der ironische Unterton rührt daher, dass Thoreau als der amerikanische Romantiker, der er war, gerade die unberührte Landschaft bewunderte – eine Bewunderung, die aus seiner Kenntnis der Geschichte der Gartenkunst in Europa und der Möglichkeiten der Beherrschung der Natur resultiert. In der Menschheitsgeschichte war die Natur meist so dominierend, ja überwältigend, dass man sich auf sie nicht als Ideal bezog. In manchen Kulturen ging man davon aus, die Natur sei vollkommen, sodass Gärten überflüssig waren, andere hielten sie für entstellt und sehnten sich nach dem Paradies, dem sie mit Pflanzen, Blumen und Mauern oder, in Asien, mit Kiefern, Wasserbecken und Steinen Gestalt zu geben suchten. Zumeist sehnte man sich nach mehr sichtbarer Ordnung. Die Römer, unsere Vorläufer in der Gartengestaltung, beherrschten den Formschnitt, zogen Spalierbäume und legten geschmackvoll arrangierte Beete an; ihrer idealen Natur war eine Geometrie eigen, die an militärische Formationen erinnert. Nach ihrer Zeit nahmen Gärten den Charakter boudoirähnlicher Refugien für alle Sinne an, bis Sicherheit, Wohlstand und ein neuerliches Interesse an geometrischer Ordnung im 17. Jahrhundert zu einem explosionsartigen Auftreten formaler Gärten führten. In den Gartenanlagen jener Zeit – insbesondere den enorm aufwendig gestalteten Schlossgärten – mit ihren kegelförmig beschnittenen Bäumen, langen Alleen und raffinierten Springbrunnen kamen die euklidische und die kartesische Geometrie als Gestaltungsprinzipien stärker denn je zum Tragen, und die immer größer werdenden Gärten dehnten sich in die freie Landschaft hinein aus. Das Paradebeispiel dafür ist der Park von Versailles mit seinen zum Horizont hin ausgerichteten Achsen – ein Garten, der sich mit der Natur messen will.

In einem englischen Handbuch von 1712 wird die ideale Gartenanlage u.a. so beschrieben: »zwei je in Viertel unterteilte Quadrate mit Bassins. Als Begrenzung dient ein langer Laubengang mit drei den Wegen und Pavillons zugewandten Kabinetten. Zur Rechten wie zur Linken befinden sich als Gegenstücke zu den

Versailles. Historische Postkarte, Sammlung John Pfahl.

Wegen mit Springbrunnen dekorierte gemähte Grünflächen. Deren Abschluss bilden eine Einfassung, eine Reihe Eiben und dahinter grüne Nischen für Bänke und Statuen. Seitlich befindet sich ein mit Eisengittern von den Wegen abgetrenntes und mit Orangenbäumen gefülltes Parterre und am Ende ein Bassin mit Kabinetten und grünen Nischen für Bänke.«

Die Maxime, dass auf jede Aktion eine gleichwertige, aber entgegengesetzte Reaktion folgt, gilt auch für die Gartengestaltung: Im 18. Jahrhundert begann man in England, formale Gärten als despotisch zu empfinden, und entwickelte eine Vorstellung von der idealen Natur, die uns noch heute geläufig ist. Damit vollzog sich ein gewaltiger Umbruch, ein Wandel voll innerer Widersprüche. Die Idee, die unberührte Natur sei ebenso des Betrachtens wert, wie Gärten es seit eh und je waren, festigte sich im Laufe des 18. Jahrhunderts im kollektiven Bewusstsein, und die Natur wurde zur fortwährend angerufenen Göttin. Ein Jahr nach Erscheinen des oben erwähnten Gartenhandbuchs äußerte sich der englische Dichter Alexander Pope in einem Essay folgendermaßen: »Die gewinnende Schlichtheit der unverschönerten Natur hat zweifellos etwas an sich, das den Geist mit einem edleren Frieden erfüllt und ein höheres Gefühl der Freude vermittelt, als es die feineren, künstlich geschaffenen Szenerien vermögen.«

Nunmehr galt jegliche Geometrie im Garten, ob bei Wegen, Parterres oder Formschnittbüschen, als auf anstößige oder zumindest lächerliche Weise *unnatürlich* – ein neues Schmähwort, dessen man sich gern bediente. Popes Essay enthält auch folgende spöttische Beschreibung eines imaginären Formschnittkatalogs: »Adam und Eva in Eibe, Adam leicht lädiert vom Fall des Baums der Erkenntnis im großen Ungewitter, Eva und die Schlange ausgesprochen üppig. Der heilige Georg in Buchs, sein Arm noch etwas kurz, aber voraussichtlich bis April nächsten Jahres lang genug, um den

Drachen zu erstechen. Ein grüner Drache, ebenfalls aus Buchs, derzeit mit einem Schwanz aus Gundelrebe. Man beachte: Die beiden sind nicht separat zu erwerben …«

Der naturnahe Garten, auch englischer Garten genannt, entwickelte sich schrittweise: Parterres und Formsträucher wurden aufgegeben, und das Gitternetz der Wege wich gewundenen Pfaden; Skulpturenschmuck und architektonische Elemente dagegen hielten sich bis zur Mitte des Jahrhunderts, als der große Gartengestalter »Capability« Brown auch sie zu verbannen begann. (Sein Nachfolger Humphrey Repton wiederum griff erneut auf dekorative Elemente zurück.)

Der englische Garten bildete natürlich eine bestimmte Vorstellung von der Natur nach, wie man sie eher auf Gemälden wie denen Claude Lorrains und Nicolas Poussins oder auch Salvator Rosas sah als in der realen Landschaft. Der englische Garten bildet also in seinem Bestreben, die Natur nachzubilden, in Wirklichkeit die Kunst nach, und die Natur, die er nachbilden will, ist ein auf ganz bestimmte Weise idealisiertes, wenn auch fließendes, komplexes Phänomen. Dahinter stand die grundlegende Vorstellung, die Natur sei bereits geordnet, womit eine neue Vorstellung vom Sündenfall einherging, der teils im Sinne von Rousseau als Übergang von der natürlichen Unschuld in die zivilisierte Verderbtheit angesehen wurde. Eines führte zum anderen, wie in zahlreichen gartenhistorischen Werken nachzulesen ist, und die Entwicklung hin zu mehr Naturnähe gipfelte schließlich darin, dass man seit den 1770er-Jahren die Landschaft an sich für betrachtenswert hielt und sie genussvoll zu durchstreifen begann. Reiseführer mit Hinweisen auf malerische Aussichtspunkte, etwa von William Gilpin, traten an die Stelle der Leitfäden für ein angemessenes ästhetisches Verständnis von Gärten. In gewisser Hinsicht wird die Welt seitdem so betrachtet wie einst nur Gärten. Heraus aus dem Garten und hinein in die Landschaft – aus dieser enormen Umwälzung gingen die Outdoorausrüster wie die Umwelt-

Aus: Humphrey Repton: *Sketches and Hints on Landscape Gardening*, London 1794 (Abdruck mit frdl. Genehmigung der Buffalo and Erie County Public Library, Buffalo/New York).

Washington D.C. Historische Postkarte, Sammlung John Pfahl.

bewegung hervor, womöglich sogar das Konzept des Nationalparks. Der Prozess gleicht der Ablösung des Ritters durch den Demokraten – weg vom viel Pflege erfordernden hin zum weitläufigen Garten, was dazu führte, dass man die ganze Welt als Garten auffasste, zu dem nun nicht mehr nur die Privilegierten Zutritt hatten: Man konnte sich in Hampstead Heath ergehen oder einen Ausflug mit der Eisenbahn oder einen langen Spaziergang heraus aus den Industrievierteln unternehmen – Freizeitvergnügungen, die in England bis Mitte des 20. Jahrhunderts überaus beliebt waren, während in Amerika die Natur beim Volk nie einen solchen Status erlangte, vielleicht, weil die Landflucht noch in vollem Gange war. Eine parallele Entwicklung vollzog sich in der zweiten Hälfte des 20. Jahrhunderts in der bildenden Kunst; sie führte zu der extremen Auffassung, dass, wie der Künstler Robert Irwin es ausdrückte, lange bevor er sich als Gartengestalter betätigte, »der Zweck der Kunst möglicherweise darin besteht, sich selbst überflüssig zu machen«.

Die im 19. Jahrhundert vollzogene Aufhebung des Gartens zugunsten der Landschaft ließ nur eine Frage offen: Welche Art von Gärten würden die Leute nach dieser Verherrlichung der Natur um ihre Häuser herum anlegen? Christopher Thacker schreibt dazu: »Während mehrerer Jahrzehnte fand das 19. Jahrhundert keinen eigenen, ausgeprägten Gartenstil, sondern blieb – wie auch in seiner Architektur, seinem Mobiliar und seiner Kleidung – unruhig, eklektisch und suchend.« War der Anstoß zur Veränderung im 18. Jahrhundert auf die zunehmende Beherrschung der Welt durch den Menschen zurückgegangen, die es erlaubte, die Mauern um die Gärten gefahrlos einzureißen und sich hin und wieder genussvoll von der Natur überwältigen zu lassen, statt seinerseits sie zu überwältigen, so waren für die Entwicklung im 19. Jahrhundert ganz unterschiedliche Impulse ausschlaggebend. Etwas sich selbst zu überlassen gehörte zu den wenigen Zeitvertreiben, denen man im

Viktorianischen Zeitalter nicht nachging. Eine neue Kleinlichkeit kam auf – formale bunte Blumenrabatten, die nicht mehr von aristokratischen Dimensionen waren wie einst in den Schlossparks, sondern lediglich von einer Obsession für Muster und konventionellem Ordnungswahn zeugten. Und zu ordnen gab es noch viel mehr. Der viktorianische Garten geht wahrscheinlich eher auf den botanischen Garten zurück als auf den Lust- oder den Landschaftsgarten. Und im botanischen Garten geht es weniger um die Schönheit Edens als um seine Fülle, im wörtlichen wie im übertragenen Sinn. Es fand also eine Verschiebung statt: vom Garten als Komposition hin zum Garten als Sammlung. Und so gewannen wieder die Details – die Blumen und außergewöhnlichen Pflanzen – an Bedeutung, die sie in den naturnahen Gärten eingebüßt hatten. (Bis dahin war die Geschichte des Gartens in nur geringem Maße eine Geschichte der Pflanzen gewesen. Vor allem in den Landschaftsgärten sollte alles, aus angemessener Entfernung betrachtet, eine das Auge erfreuende Komposition ergeben; Blumen wurden verbannt, denn es ging weder um Details noch um individuelle Besonderheiten und schon gar nicht um Pracht.)

Einige der frühen botanischen Gärten waren in Viertel unterteilt – eine Anspielung sowohl auf den Paradiesgarten der islamischen Welt (mit seinem Springbrunnen in der Mitte und vier Wasserläufen als Symbolen für die vier Arme des in Eden entspringenden Stroms) als auch auf die vier Erdteile. (Zwar zeigte sich später, dass Letztere nicht in symmetrischer Zahl existieren, aber andere, eher zweckorientierte Spielarten dieses Ordnungsprinzips hielten sich beispielsweise in Kew Gardens, wo die unterschiedlichen Klimate der Kontinente in Gewächshäusern repräsentiert sind, oder in den Huntington Botanical Gardens, wo die Flora der Kontinente thematisch gruppiert zwischen gewundenen Pfaden immer wieder vorkommt.) John Prest schreibt in seiner Geschichte des botanischen Gartens: »Die Schöpfung schien einem

Skagit Valley/Washington. Historische Postkarte, Sammlung John Pfahl.

Phoenix/Arizona. Historische Postkarte, Sammlung John Pfahl.

Puzzlespiel zu gleichen. Im Garten Eden hatten Adam und Eva das vollständige Bild vor sich. Nach dem Sündenfall entfernte Gott ein paar Teile und verwahrte sie in einem Schrank – einem amerikanischen Schrank wohlgemerkt –, um sie wieder hervorzuholen, wenn die Menschen sich gebessert hatten oder er es für angebracht hielt.« Dies ist einer der Gründe, weshalb Thoreau sich unbehaglich dabei fühlte, »die Erde Bohnen sprießen zu lassen«. In der Rhetorik seiner Zeit war Amerika bereits ein paradiesähnlicher Garten, und Thoreau führte die Vorstellung vom Nichteingreifen, wie sie den englischen Landschaftsgarten charakterisiert, ins Extrem.

Beim botanischen Garten aber ging es ausschließlich um das Eingreifen, das durch Eroberung und Kolonialismus ein Höchstmaß erreichte, denn in ihrem Zuge gelangten Pflanzen überallhin, sodass in den Kolonien Apfelbäume und Rosen und in Europa Chrysanthemen, Mais und Schuppentannen angepflanzt wurden. Im 19. Jahrhundert kamen große Mengen Pflanzen aus aller Welt nach Europa. Förderlich war dieser Entwicklung, dass zunehmend Gewächshäuser aus Glas zur Verfügung standen und damit auch in Nordeuropa empfindliche und tropische Pflanzen gedeihen konnten; außerdem wurde in den 1830er-Jahren die Wardsche Kiste erfunden, über die kein Geringerer als Thacker sagt: »Die Wardsche Kiste gehört zusammen mit dem trockenen Grenzgraben (Aha genannt) und dem Rasenmäher zu den größten Erfindungen in der Geschichte der Gärten.« Bei der Wardschen Kiste (so etwas wie ein Terrarium) handelte es sich um einen luftdicht verschlossenen Glasbehälter, in dem Pflanzen die lange Schiffsreise von Australien oder Brasilien nach Europa überstanden.

Es war das goldene Zeitalter der Pflanzenjäger (den heutigen Pharmaunternehmen vergleichbar, die in den Regenwäldern einen von deren Bewohnern angeprangerten »Biokolonialismus« betreiben). Orchideen und andere tropische Pflanzen kamen nach

Europa, wo sie durchaus als Trophäen, als Jagdbeute galten. Viktorianische Gärtner hatten mit ihren Gärten Kolonien, Kontinente und Expeditionen en miniature im Sinn; sie sollten Wissen vermitteln und zugleich den Status des Imperiums spiegeln. Es fällt heute schwer, sich vorzustellen, welchen Schrecken manche Pflanzen damals ausgelöst haben müssen. Der amerikanische Forschungsreisende John Wesley Powell fasste seine erste Begegnung mit der Flora der südwestlichen Wüsten Amerikas in Worte, in denen so etwas wie Entsetzen mitschwingt: »Die wenigen Pflanzen sind den Bewohnern der gemäßigten Zonen fremd. Auf den Bergen gedeihen ein paar Wacholderbüsche und Kiefern, außerdem Kakteen, Agaven und Yuccas – niedrige, fleischige Pflanzen mit Bajonetten und Dornen. Die Vegetation mutet unheimlich an – keine Wälder, keine Wiesen, keine grünen Hügel, kein Laubwerk, dafür mit Stiletten bewehrte keulenförmige Pflanzen. Viele von ihnen tragen prachtvolle Blüten.«

Ebenso beängstigend für jene, die ein gemäßigtes Klima gewöhnt waren, war der Dschungel: eine dicht bewachsene, feuchte, von Leben wimmelnde Landschaft mit viel Tiefe, intensiven Farben und gefährlichen Arten. Erst mit der Zeit fanden diese Pflanzen Eingang in das Standardvokabular, ebenso wie Wörter wie *jodhpur* (Reithose), *raccoon* (Waschbär) und *canyon* (tief eingeschnittenes Tal). Heute denkt kaum jemand beim Anblick von Dahlien (die die Azteken *cocoxochitl* nannten) noch an Mexiko, und Ringelblumen, Zinnien, Gummibäume und Banksien gehören zum Standardsortiment jedes Gartencenters. Erst diese Entwicklung hat den gegenwärtigen ahistorischen Zustand schaffen können, in dem buchstäblich alles möglich ist: Formsträucher und exotische Pflanzen, Wildnis und Überfülle, Zen-Elemente und Statuen – alles existiert unmittelbar nebeneinander. Sämtliche Stilrichtungen, Traditionen und Regionen scheinen sich zu einem gigantischen polyglotten Vokabular vereinigt zu haben, mit dem sich alles ausdrücken lässt. In diesen Kontext gehören die ausgefallenen Phänomene der Gartenkunst, die dieses Buch zeigt, wobei manche Fotos von einem Überschwang und einer Regellosigkeit zeugen, die typisch amerikanisch sind und ebenfalls ihre Geschichte haben.

Als in den Vereinigten Staaten die Zeit der Gärten anbrach, waren diese bereits in zweierlei Hinsicht von Extremen und Superlativen geprägt. Zum einen war die Landschaft spektakulär uneuropäisch, sowohl in ihren Einzelzügen – man denke nur an die Niagarafälle, den Grand Canyon, die scheinbar endlosen Bisonherden, den kilometerbreiten Mississippi und die Mammutbäume, die mehr Wolkenkratzern ähneln als anderen Bäumen – als auch in ihrer enormen Weite und Vielfalt – ihren Gebirgen, Wüsten, Prärien, Wäldern, Sümpfen usw. Zum anderen lebten die aus Europa stammenden Bewohner dieses riesigen Landes hauptsächlich von eingeführten Anbauprodukten, obwohl mit Mais, Kürbissen, Kartoffeln und Chilis heimische Feldfrüchte zur Verfügung standen, und wie um das Leben noch mehr zu einem kunterbunten Durcheinander zu machen, gediehen dort auch noch Pflanzen aus anderen Gegenden der Welt. Die Bodenverhältnisse, die Klimate, die durchmischten Populationen und Pflanzungen förderten in ihrer Gesamtheit eine Unkonventionalität, die sich in den Ländern der Alten Welt in dem Ausmaß nicht hätte entwickeln können. Da Amerika keine Vergangenheit hatte, schien die Zukunft immer greifbarer und offener zu sein.

Der Unterschied zwischen Großbritannien und Amerika entspricht dem zwischen Alice, der Tochter eines Universitätsdekans, die in ein Kaninchenloch fällt (ein zugegebenermaßen sehr großes und merkwürdiges Kaninchenloch), und der Waise Dorothy, die bei Verwandten auf einem Bauernhof in Kansas aufwächst und von einem Wirbelsturm mitgerissen wird. Alice durchstreift ein fantastisches und doch in sich stimmiges Traumland, wo sie in einem Rosengarten auf Spielkarten-Gärtner trifft, an einer verrückten Teegesellschaft teilnimmt, über ein Schachbrett wandern

Dixon/Illinois. Witzpostkarte, Sammlung John Pfahl.

muss und allerlei Tieren sowie seltsamen Menschen- und Fabelwesen begegnet. Die Landschaft im *Zauberer von Oz* mit den kämpferischen Apfelbäumen, dem großen Schlafmohnfeld, dem lebenden Vogelscheuch, dem sprechenden Löwen, den Hexen, den kleinwüchsigen Mömpfen und der Smaragdenen Stadt ist viel absonderlicher und sprunghafter. (Die amerikanische Neigung zum Superlativ zeigt sich auch in der Art und Weise, wie L. Frank Baum die Geschichte vom Großen Oz in einer Serie von über einem Dutzend Bücher weiterspann, die nach seinem Tod von anderen Autoren fortgeführt wurde, wohingegen Alices Geschichte mit *Alice im Wunderland* ihr Altes Testament und mit *Hinter den Spiegeln* ihr Neues Testament hat – mehr gibt es nicht.) Englische Gärten gleichen mitunter Alices Wunderland, amerikanische tendieren gern zum Land Oz.

So erwarb beispielsweise Thomas Brayton 1872 ein knapp drei Hektar großes Areal in Neuengland und legte darauf einen so eindrucksvollen Formschnittgarten an, dass er selbst beim sarkastischen Alexander Pope Schwindel ausgelöst hätte. Brayton hat die eigentlich rein europäische Tradition des Formschnitts in seinem Park Green Animals so aufgegriffen, dass eine Menagerie des ganzen Globus entstand, u.a. mit Giraffe, Bär, Schwan, Strauß, Flusspferd, Pfau (sowie einem streunenden Terrier, überdimensioniert selbstverständlich, wenn auch nicht so sehr wie Jeff Koons' *Puppy*). Das Besondere besteht darin, dass hier nicht die Wirkung erzielt werden soll wie in den traditionellen Formschnittgärten, nämlich eine gefällige Harmonie, die zugleich gärtnerisches Können demonstriert. Green Animals ist im wahrsten Sinne des Wortes ein zoologischer Garten, eine eklektische Skulpturensammlung und damit eine weitaus verwegenere Revolte gegen den guten Geschmack, als sämtliche Gartenzwerge in Northumberland sie zuwege bringen könnten – etwas, was nicht einfach kitschig ist, sondern auf grandiose Weise bizarr.

Zu Braytons Lebzeiten waren in den amerikanischen Landstädten Jahrmärkte beliebt, bei denen man nicht nur typische, sondern auch außergewöhnliche Erzeugnisse des regionalen Landbaus zu sehen bekam. (Insbesondere riesige Kürbisse sind bis heute eine geheiligte amerikanische Tradition; die amerikanische Kinderbuchautorin Laura Ingalls Wilder erzählt in ihrem Buch *Farmer Boy*, wie ihr Ehemann in seiner Jugend – etwa in den 1850er-Jahren – bei einem solchen Jahrmarkt im Bundesstaat New York einen Riesenkürbis ausstellte, und in den *Peanuts*-Comics wird zu Halloween der »Große Kürbis« erwartet, der wie der Weihnachtsmann oder der Osterhase Wünsche erfüllt.) Brayton begann mit der Anlage seines Gartens, als Buffalo Bill mit seiner Wildwestschau berühmt wurde – einer Art Zirkus, der durch Nordamerika und Europa tingelte – und ein paar Jahre nachdem P. T. Barnum den Zirkus Barnum and Bailey's gegründet hatte, der noch heute durchs Land tourt.

Stellen wir uns P. T. Barnum doch einmal als Gärtner vor. Gärtner wollen Pflanzen dahingehend beeinflussen, dass sie möglichst ungewöhnlich aussehen, und Barnum machte ungewöhnliche Menschen ausfindig. Zu Beginn seiner Laufbahn zeigte er eine schwarze Frau, die von sich behauptete, das 161 Jahre alte Kindermädchen von George Washingtons Vater zu sein, bald darauf erwarb er das Skelett einer Meerjungfrau, und den Durchbruch hatte er mit dem jungen Charles Stratton (bekannt als General Tom Thumb), einem Liliputaner, der es als Erwachsener auf 84 Zentimeter Körpergröße brachte. Damit begann das goldene Zeitalter der Zirkusse und ihrer »Sideshows« (oder, auf Coney Island/New York, »Freakshows«) genannten Nebenvorstellungen. Bei diesen Kuriositäten- und Monstrositätenschauen, eine Art botanischer Garten der menschlichen Arten aus aller Welt, traten siamesische Zwillinge auf (die selten aus Siam stammten, aber nach Chang und Eng, die bei Barnum auftraten, so genannt wurden), Riesen, Zwerge, Damen ohne Unterleib oder mit

Kalifornien. Witzpostkarte, Sammlung John Pfahl.

La Jolla/Kalifornien. Historische Postkarte, Sammlung John Pfahl.

Bart, lebende Skelette, Idioten, Zwitter, Muskelmänner, Schlangenmenschen, Schwert- und Feuerschlucker sowie tätowierte, gliederlose oder auf andere Weise ungewöhnliche Menschen. Als ihre botanischen Gegenstücke könnte man Bonsais und Mammutbäume, Pfropfreiser, Zwerg- und Spalierobstbäume, Kugelkakteen, Banyanbäume, Teerosenhybriden wie die Sorten 'Racy Lady' und 'Scent Sation', bizarre Züchtungen tropischer Blütenpflanzen, geflammte Tulpen und natürlich Formsträucher und übergroße Kürbisse betrachten. (Genau wie in den Sideshows die meisten Akteure sich einfach nur zeigen mussten, beeindrucken Sonnenblumen, Azaleen und der größte Feigenbaum Amerikas durch ihr bloßes Dasein; Formsträucher hingegen zählen zur »darstellenden Flora«, vergleichbar den Schwertschluckern und Akrobaten, weil sich ihre Wirkung aus einer Leistung, nicht aus ihrem Wesen ergibt – Buchs oder Eibe ist ja im Grunde nichts Exotisches.)

Ganze Wälder wurden abgeholzt für Bücher, in denen es um das Schöne und, im 18. und frühen 19. Jahrhundert, um das Erhabene und das Malerische geht – Stilrichtungen, die als erbaulich, bereichernd und dem guten Geschmack entsprechend gelten können. Es gibt aber auch andere Auffassungen von Ästhetik, so auch eine, die das Üppige, Seltsame, Unproportionierte, Außergewöhnliche und Exotische, das Überdimensionale, Schrille, Übertriebene oder Erschreckende favorisiert. Das Verlangen nach Schönheit gilt als erbaulich, solange es nicht in Gier umschlägt, was aber liegt dem Verlangen nach jenem anderen zugrunde? Ist es Neugierde, der Wunsch, die Welt in ihrer ganzen Vielfalt zu begreifen? Falls dem so ist, sollten wir uns eingestehen, dass Neugierde großen Genuss vermittelt, etwa wenn wir das größte, kleinste oder sonstwie superlativische Exemplar seiner Art betrachten, und dass dieser Genuss eine fast ebenso starke Triebfeder ist wie das Verlangen nach Schönheit. Und ist diese Neugierde nicht sogar ein sehr vergeistigter Genuss? Denn wer stellt sich schon vor, den Zwitter zu umarmen oder die Riesenfrucht zu verspeisen? Wird beim Betrachten dessen, was es auf einem großen Jahrmarkt oder bei der Sideshow zu sehen gibt, nicht ein Hunger nach der Komplexität und Vielfalt der Welt gestillt, wenn nicht gar im Übermaß? Man fühlt sich ein wenig wie ein Gesetzloser, der es heimlich genießt, wie die Natur die Regeln der Schicklichkeit bricht und man selbst die Regeln des guten Geschmacks; die Neugierde verlangt nach einer Welt, deren Reichtum ungeordnet und ungebändigt ist, so wie ein Kind Vergnügen am Chaos hat und ein Jugendlicher an möglichst lauter kakophonischer Musik.

Brayton, Barnum und Chesty Morgan (die ihre Brüste quasi auf Rekordkürbisgröße bringen ließ) sowie die ungezählten Schöpfer der Glitzerwelt von Las Vegas beweisen, dass die wahre Heimat dieser Ästhetik die Vereinigten Staaten sind. Es ist die Ästhetik der Freakshows, der wie Hotdogs geformten Hotdogstände oder der Dinosaurierfiguren am Straßenrand – eine Ästhetik, die uns darüber aufklärt, weshalb wir nicht nur gern ungewöhnlich schöne, sondern auch ungewöhnlich fette, große oder kleine Menschen betrachten. Dieses Phänomen scheint irgendwie mit dem botanischen Garten zusammenzuhängen, mit dem eine Bestandsaufnahme der gesamten Flora der Schöpfung angestrebt wird, so wie es das Ziel der Sideshow war, eine Bestandsaufnahme der menschlichen Fauna vorzunehmen. Dabei geht es nicht um eine von Harmonie und Kontinuität geprägte Natur, sondern um das Experimentieren mit dem Ausgefallenen, um die endlose Vielfalt, um eine verschwenderische, überbordende Natur, die nie langweilig wirkt.

Vielleicht geht es dabei auch um eine demokratische Natur, was wieder typisch amerikanisch wäre. Demokratisch deshalb, weil Wirkung nicht erzielt wird, indem Dinge ausgeschlossen, sondern indem sie eingeschlossen werden, und weil Fülle per se als ein wenig unfein gilt. Um Klassenfragen geht es beim Thema Garten in vielerlei

Florida. Historische Postkarte, Sammlung John Pfahl.

Hinsicht: Als man den Blumen wieder Platz im Garten einräumte, wertete man sie auf, indem man sie zu geschmackvollen einfarbigen Rabatten im Stil von Gertrude Jekyll und ihresgleichen arrangierte. Michael Pollan, Verfasser von Essays zum Thema Gartenkunst, spricht von einem regelrechten Klassenkampf der Rosen, bei dem die alten Rosen, die zarter duften, weichere Formen haben, weniger blühfreudig und in ihrer Farbenskala beschränkter sind, sozusagen den Adel im Exil darstellen. Guter Geschmack ist eine Frage des Verzichts: Es muss viel da sein, damit man das Wenige zu schätzen vermag. Überfülle ist die Voraussetzung, um Kargheit würdigen zu können. So hörten die Reichen denn auch erst auf, sich wie Pfauen zu kleiden, als Anilinfarbstoffe Kleidung in leuchtenden Farben allgemein verfügbar gemacht hatten: Überfluss zeigt sich nach außen hin oft als Kargheit. All jene aber, für die ein Zuviel nach wie vor verlockend ist, empfinden Glanz, Masse und Größe noch nicht als zweifelhafte Eigenschaften. Und guter Geschmack ist vielleicht nichts anderes als die Ästhetisierung eines Mangels, nämlich der beschränkten Palette dessen, was in den gemäßigten Zonen gedeiht, im Gegensatz zur Lebendigkeit der Tropen, zu den betont skulpturierten Formen solitärer Wüstenpflanzen und dem periodischen wilden Blühen der Wüste. Die Mäßigung, so die Erkenntnis eines berühmten griechischen Philosophen, steht dem Weisen gut an, fördert aber nicht unbedingt das Vergnügen. Eleanor Perenyi schreibt in ihrem Buch *Green Thoughts: A Writer in the Garden:* »An einem Sommertag äußerte eine Freundin, die das Kleinformatige, Mustergültige schätzt, beim Anblick meiner Dahlien betrübt: ›Du magst große, auffällige Blumen, nicht wahr?‹ Eigentlich meinte sie ›ordinär‹ – ein Vorwurf, den ich schon kenne. Mir ist bewusst, dass ich als einziger WASP (White Anglo-Saxon Protestant) der Stadt Dahlien im Garten habe, und zwar noch nicht einmal die kleinen, dezenten. Manche wirken so drall wie die halb bekleideten Mädchen bei Renoir, andere ähneln stacheligen Meereslebewesen, Seerosen oder den Spiralen in einem kristallenen Briefbeschwerer, und sie werden ganz erstaunlich hoch. In meinen Augen aber sind sie prachtvoll, nicht ordinär …«

Wer etwas ausschließt, strebt nach Harmonie, Vertrautheit und Ruhe, nach all jenem, was einem Landschaftsgarten förderlich und einem Zirkus abträglich sein könnte – aber weshalb sollte ein Garten nicht einem Zirkus gleichen und entsprechenden Genuss bereiten? Diese Frage werfen John Pfahls Fotos auf, und das Ungewöhnliche an der Antwort besteht darin, dass der Genuss hier mit rein pflanzlichen Mitteln erlangt wird.

Unkonventionelle Gärtner, die sich selbst verwirklichen wollen, kommen oftmals ganz ohne Pflanzen aus; sie gestalten Gärten aus Fundstücken und Krimskrams. Solche der Volkskunst verwandten Anlagen findet man vor allem im amerikanischen Süden, aber auch anderswo, und oft geht es in ihnen um religiöse Themen, insbesondere die Offenbarung. Zwar handelt es sich noch um Gärten, doch auf gewisse Weise haben sie die Natur hinter sich gelassen, vielleicht, weil der Umgang mit ihr mehr Geduld erfordert als der mit Flaschen, Brettern und alten Reifen, vielleicht aber auch, weil wir zu der Auffassung neigen, die Natur sei grundsätzlich maßvoll und gezügelt, obwohl wir Gegenbeispiele kennen wie Perenyis Dahlien, Braytons Giraffe, Yuccas, deren Schopf aus langen Blättern sich wie ein Feuerwerk in Zeitlupe ausnimmt, und noch viele weitere Ausdrucksformen der Natur, die von Lebhaftigkeit, Extravaganz oder Großartigkeit zeugen und manchmal sogar eine unheimliche Stimmung schaffen. Zwar stellt die gängigste Annäherung an das Paradies dessen friedvollen Charakter heraus, aber gehören nicht Vielfalt und Fülle ebenso zu seinem Wesen? Und legt nicht die Offenbarung mit dem neuen Jerusalem aus Gold und Edelsteinen und den unheimlichen Tieren nahe, dass ihre Landschaft eher dem neonblinkenden Las Vegas in seiner Glanzzeit gleichen wird als etwa dem englischen Lake District oder der römischen Campagna? Hat nicht von jeher eine lange Allee aus hohen Bäumen insgeheim den gleichen Genuss vermittelt wie heute eine Reihe hochgewachsener Revuegirls in Las Vegas? Trifft dies zu, entsprechen Pflanzen am ehesten der idealen Natur, wenn die Gartenkunst extreme Formen annimmt und ein demokratisches Eden voller Absonderlichkeiten schafft, das unseren enormen Hunger nach Glanz stillt.

Literaturhinweise

John Dixon Hunt/Peter Willis: *The Genius of the Place: The English Landscape Garden 1620-1820.* MIT Press, Cambridge/MA 1988

Robert Irwin mit Ed Wortz und James Turrell in: Lawrence Weschler: *Seeing is forgetting the name of the thing one sees: A Biography of California Artist Robert Irwin.* University of California Press, Berkeley/CA 1982

Eleanor Perenyi: *Green Thoughts: A Writer in the Garden.* Random House, New York 1981

Michael Pollan: *Second Nature: A Gardener's Education.* Random House, New York 1991

Alexander Pope in einem 1713 verfassten Essay in *The Guardian*, zitiert in John Dixon Hunt/Peter Willis: *The Genius of the Place: The English Landscape Garden 1620-1820* (s. dort)

John Wesley Powell: *The Exploration of the Colorado River and Its Canyons.* Dover Reprint, New York 1961

John Prest: *The Garden of Eden: The Botanic Garden and Re-Creation of Paradise.* Yale University Press, New Haven/CT 1981

Christopher Thacker: *Die Geschichte der Gärten.* Orell Füssli, Zürich 1979

Henry David Thoreau: *Walden oder Leben in den Wäldern.* Aus dem Amerikanischen von Emma Emmerich und Tatjana Fischer. Copyright © der deutschen Übersetzung 1979 Diogenes Verlag AG, Zürich

In der späten Nachmittagssonne bilden die Pappelblättrigen Birken *(Betula populifolia)* in den Stan Hywet Gardens bei Akron im Bundesstaat Ohio einen golden leuchtenden Tunnel. Der anglophile Reifen- und Gummifabrikant Franklin A. Seiberling benannte seinen Landsitz nach einem Sandstein-Steinbruch auf dem weitläufigen Gelände. Die 150 Meter lange Birkenallee führt vom 1915 im Tudorstil errichteten eindrucksvollen Herrenhaus zu einem Aussichtspunkt, der einen prachtvollen Blick über das Tal des Cuyahoga River bietet.

Birkenallee, Stan Hywet Gardens, Akron/Ohio

RECHTS: Der Psychiater John Wadsworth hat diesen einzeln stehenden Silberahorn *(Acer saccharinum)* radikal zurückgeschnitten, damit er nicht an dem von einem Schadpilz hervorgerufenen, bereits fortgeschrittenen Triebsterben zugrunde ging. Jetzt wirkt er wie ein eigenwilliges Kunstwerk und beeindruckt im Jahreslauf mit immer wieder anderen Farben. Dr. Wadsworth, der seine ausgefallenen Ideen mit der Kettensäge umsetzt, hat auf seinem erhöht gelegenen Anwesen weitere faszinierende Elemente geschaffen, darunter Labyrinthe, Alleen mit perspektivischer Ausrichtung und eine zweidimensionale Kiefer.

LINKS: Derselbe »einarmige« Ahorn mehrere Wochen vorher.

Dr. Wadsworths Baum, Chautauqua/New York

Sonnenblumenfeld, Bowmansville/New York

Kürbis in einem Hinterhof, Buffalo/New York

SEITE 22: Müden Autofahrern, die auf der New York State Thruway in Richtung Westen unterwegs sind, bietet sich ein reizvoller Anblick: riesige Sonnenblumen einer russischen Auslese *(Helianthus annuus)*, die ihre Blüten der Sonne zuwenden. Dass man das Feld Sommer für Sommer bewundern kann, ist einem ehemaligen Steinbrucharbeiter zu verdanken, der sich ihm in seiner Freizeit widmet. Zur Erntezeit legt er an einem Holzstand am Straßenrand die Blütenköpfe mit den Samen als Vogelfutter zum Verkauf aus; als Kasse dient ein leeres Majonäseglas.

SEITE 23: Der Künstler Peter Stephens wunderte sich über eine geheimnisvolle Kletterpflanze, die in seinem Hinterhof aus dem Komposthaufen hervorwuchs. Als sich eine Frucht zu bilden begann, fiel ihm der Halloween-Kürbis wieder ein, den er im Herbst des Vorjahres weggeworfen hatte. Als der neue Kürbis immer mehr an Gewicht zulegte, bastelte Stephens, um einen fatalen Absturz zu verhindern, eine behelfsmäßige Hängematte, in der die dicke, runde Frucht nun ruht.

RECHTS: Beim alljährlich im Sommer stattfindenden Garden Walk, einem Wochenende, an dem Privatleute ihre Gärten für Besucher öffnen, bildet die 16 Jahre alte Trompetenblume *(Campsis radicans)*, die einen kleinen Hinterhof im ältesten Teil von Buffalo ziert, einen Blickfang. Dawn Hendryx und Deirdre Baker, die stolzen Hausmeisterinnen, schneiden die üppig wuchernde Kletterpflanze einmal im Jahr zurück, damit die Telefongesellschaft nicht ihrerseits drastischere Maßnahmen ergreift.

Trompetenblume in einem Hinterhof, Buffalo/New York

Wenn in Washington D.C. das Kirschblütenfest stattfindet, drängen sich den ganzen Tag über Besuchermassen auf dem Spazierweg am Tidal Basin, einem künstlichen See. Wer die prachtvoll blühenden Yoshino-Kirschbäume *(Prunus* x *yedoensis)* in beschaulicherer Atmosphäre bewundern will, sollte am besten schon vor der Morgendämmerung zur Stelle sein. Viele von ihnen wurden 1912 gepflanzt, als das japanische Volk den Vereinigten Staaten dreitausend junge Exemplare als Freundschaftsgabe schickte.

Yoshino-Kirschbäume am Tidal Basin,
Washington D.C.

Kirschbäume, Royal Botanical Gardens, Hamilton/Ontario

Sechs imposante Kirschbäume (*Prunus* 'Accolade') prangen auf einer kleinen Anhöhe im Arboretum des Botanischen Gartens von Hamilton/Ontario. Ihre fassförmigen Stämme haben einen Durchmesser von neunzig Zentimetern, und in Blüte misst ihre Krone 15 Meter. 'Accolade' ist eine relativ neue Sorte, die 1952 in Großbritannien aus einer Kreuzung zwischen *Prunus sargentii* und *P.* x *subhirtella* entstand. Kurze Zeit später wurde sie in Kanada eingeführt.

Einen magischen Effekt hat die Mittagssonne, wenn sie ihre Strahlen durch das Frühlingslaub dieser Alleebäume schickt. Die Hainbuchen *(Carpinus betulus)* säumen einen über 180 Meter langen Weg und sind mit Spanischen Hasenglöckchen *(Hyacinthoides hispanica)*, weiß blühenden Blausternchen (*Scilla siberica* 'Alba') und Sommerknotenblumen *(Leucojum aestivum)* unterpflanzt. Die Allee zieht sich durch den Niagara Parks Botanical Garden, eine Sehenswürdigkeit ersten Ranges in der kilometerweiten Parklandschaft entlang des Niagara, der sich an der Grenze zwischen Kanada und den Vereinigten Staaten so spektakulär in die Tiefe ergießt.

Hainbuchenallee, Niagara Parks Botanical Garden,
Niagara Falls/Ontario

Heckenschaugarten, Royal Botanical Gardens, Hamilton/Ontario

Formal Garden, School of Horticulture, Niagara Parks Botanical Garden, Niagara Falls/Ontario

SEITE 32: Mit seinen fantasievollen geometrischen Formen hat der Heckengarten in den Royal Botanical Gardens von Hamilton/Ontario schon manchem Gärtner, der hier weilte, als Inspirationsquelle gedient. Für herkömmliche wie für ungewöhnliche Heckenpflanzen hat man hier die optimale Schnittform gefunden: Die streng geschnittenen Hecken verjüngen sich nach oben, sodass das Sonnenlicht auch die unteren Zweige erreicht. Zu sehen sind folgende Pflanzen (von hinten nach vorn): Flügelspindelstrauch (*Euonymus alatus* 'Compactus'), Ovalblättriger Liguster *(Ligustrum ovalifolium)*, Spierstrauch *(Spiraea thunbergii)*, Gewöhnlicher Liguster *(Ligustrum vulgare)* und Thunbergs Berberitze *(Berberis thunbergii)*, außerdem auf der rechten Seite Abendländischer Lebensbaum (*Thuja occidentalis* 'Douglasii Aurea').

SEITE 33: Eindeutig an europäischen Vorbildern orientiert ist der formale Garten im Niagara Parks Botanical Garden, der von Studenten der angegliederten Gartenbauschule vorbildlich gepflegt wird. Akribisch beschnittene Buchsparterres halten spät blühende Tulpen (die weiße *Tulipa* 'Maureen' und die dunkle 'Queen of Night') im Zaum. Den dekorativen Hintergrund der Szenerie bilden die hohen Bäume der Hainbuchenallee (siehe Seite 30–31).

RECHTS: Rosen in Hülle und Fülle gedeihen im Rosengarten Hendrie Park, der zu den Royal Botanical Gardens gehört. Diesem größten botanischen Garten Kanadas verlieh König Georg V. im Jahr 1930 das Prädikat »Royal« (»königlich«). Vor der Kordes-Kletterrose *Rosa* 'Dortmund' sind drei Sorten Strauchrosen zu sehen: 'Prairie Princess', 'Bucbi' und 'Dornröschen'.

Kletter- und Strauchrosen, Royal Botanical Gardens, Hamilton/Ontario

Pfauenfigur, Cullen Gardens, Whitby/Ontario

Mit einer stolzen »Krone« aus Eisenkraut *(Verbena bonariensis)* auf dem Kopf ruht ein 18 Meter langer und sechs Meter hoher Pfau auf dem Rasen von Cullen Gardens. Sein »Gefieder« besteht aus 4600 Pflanzen, darunter Begonien, Buntnesseln, Leberbalsam und Heiligenkraut *(Santolina chamaecyparissus)*. Weitere sechstausend Pflanzen bilden die prächtigen Schwanzfedern, u.a. Federborstengras *(Pennisetum)*, *Iresine lindenii* und Buntnessel (*Coleus* 'Tricolor Ducksfoot'). In der Nähe des Pfaus tummeln sich drollige Kobolde aus Eibe (*Taxus* x *media*, siehe Seite 2). Die teils als Park, teils als Miniaturdorf gestaltete 14 Hektar große Anlage nahe Toronto ist seit ihrer Eröffnung im Jahr 1980 ein beliebtes Ausflugsziel.

Das belebte Rockefeller Center in New York bildete im Sommer 2000 die Kulisse für Jeff Koons' bemerkenswerte Pflanzenplastik *Puppy*, einen Hundewelpen aus über siebzigtausend herkömmlichen Beetpflanzen, darunter Petunien, Ringelblumen, Fleißige Lieschen und Begonien. Unter dem farbenfrohen »Fell« verbarg sich ein 13 Meter hohes Edelstahlgerüst, das 25 Tonnen Pflanzerde trug, für deren Bewässerung ein ausgeklügeltes System im Innern der Skulptur sorgte. Koons' *Puppy* war zuvor u.a. im australischen Sydney und in Bilbao in Spanien zu bestaunen.

Jeff Koons' *Puppy*, Rockefeller Center, New York

Giraffenskulptur, Green Animals, Portsmouth/Rhode Island

GANZ LINKS: Eine imposante Giraffe aus Immergrünem Liguster *(Ligustrum ovalifolium)* überblickt die Szenerie im Park Green Animals oberhalb der Naragansett Bay. Thomas Brayton erwarb das Anwesen 1872 als Sommerresidenz. Zusammen mit dem Chefgärtner Joseph Carriero übernahm Braytons Tochter Alice die Gestaltung des immer größer werdenden Gartens. Zu dem »Pflanzenzoo« gehören inzwischen zahlreiche fantasievoll gestaltete Tierskulpturen, darunter ein Wildschwein, ein Kamel und ein Löwe (LINKS), ein Elefant, ein Strauß, ein Rentier, ein Schwan, zwei Bären und drei Pfauen, um nur einige zu nennen.

In den 1940er-Jahren übergab Joseph Carriero die Baumschere seinem Schwiegersohn George Mendonca. Unter dessen kundiger Pflege entwickelte sich der Green-Animals-Park in den folgenden fünfzig Jahren zu einem Ensemble aus etwa achtzig verschiedenen Formschnittgehölzen (darunter eigenwillige geometrische Figuren und dekorative Elemente) sowie 21 Tieren, denen der Park seinen Namen verdankt. Mendoncas gärtnerisches Können wurde in dem 1997 von Errol Morris gedrehten Filmklassiker *Schnell, billig und außer Kontrolle* gewürdigt.

Formschnittgehölze, Green Animals,
Portsmouth/Rhode Island

Harvey Smith Ladew, ein typischer Vertreter des öffentlichen Lebens von New York, frönte bis zu seinem Tod 1976 zwei Leidenschaften: der Gartenkunst und der Fuchsjagd (in den USA und in England). Sie vereinen sich hier in einer sehr lebendig anmutenden Jagdszene im Garten seines Landsitzes nördlich von Baltimore, einer beliebten Jagdregion. Zu der Hundemeute (RECHTS) gehört ein Jäger, der mit seinem Pferd über einen Zaun setzt, während der Fuchs (LINKS) das Weite sucht. Alle Figuren sind meisterhaft aus Eibe *(Taxus)* geschnitten.

Jagdszene in Eibe, Ladew Topiary Gardens, Maryland

Die drei Ebenen des Terrassengartens in den Ladew Topiary Gardens sind durch Hecken aus Kanadischer Hemlocktanne *(Tsuga canadensis)* gegliedert, zwischen denen »lebende« Obelisken aufragen. Zu dem weitläufigen Park gehören 14 weitere Einzelgärten, darunter einer im viktorianischen Stil sowie solche, die Rosen, Beerensträuchern oder Seerosen gewidmet sind. Besonders beliebt sind die hübschen Pflanzenskulpturen in Form von Tieren wie Leierschwanz, Einhorn und Seepferdchen, zwischen denen die Besucher zu ihrer Überraschung auch Winston Churchills Zylinder und sein Victory-Handzeichen entdecken können.

Obelisken aus Kanadischer Hemlocktanne,
Ladew Topiary Gardens, Maryland

Kahle Bäume und Formschnittgehölze, Longwood Gardens, Kennett Square/Pennsylvania

Surrealistisch mutet diese Szenerie mit in Form geschnittenen Japanischen und Gewöhnlichen Eiben (*Taxus cuspidata* und *T. baccata*) an, die zu den faszinierendsten Sehenswürdigkeiten in den Longwood Gardens zählen. Darin finden sich über fünfzig Sträucher in zwanzig unterschiedlichen Formen, u.a. Kegel, Würfel, Spiralen, aber auch Vögel und das bei den Parkbesuchern besonders beliebte Kaninchen. Am Frühlingsanfang bilden die »gestikulierenden« kahlen Äste der Blauglockenbäume *(Paulownia)* einen reizvollen Kontrast zu den immergrünen Formschnittgehölzen.

RECHTS: Am Vormittag nehmen die Weinreben (*Vitis vinifera* 'Purpurea') und die kleinblättrige japanische Stechpalme (*Ilex crenata* 'Microphylla') an einer Mauer des Besucherzentrums der Longwood Gardens, wo man sie am Spalier gezogen hat, ein Sonnenbad. Pierre S. du Pont erwarb das Anwesen 1906 und begann bald darauf mit der gärtnerischen Ausgestaltung. Heute umfasst die Anlage 18 Einzelgärten, imposante Alleen, extravagante Springbrunnen und sieben ineinander übergehende Gewächshäuser, von denen eines (LINKS) mit Strauchmargeriten (*Argyranthemum frutescens* 'Vera') in Hängekörben geschmückt ist.

Spalierpflanzen, Longwood Gardens, Kennett Square/Pennsylvania

Die weltberühmte, neuntausend Einzelpflanzen umfassende Orchideensammlung in den Longwood Gardens kann sich vieler seltener und alter Exemplare, aber auch neuester Hybriden rühmen – insgesamt sind 3200 Arten und Kulturvarietäten vertreten. In dem farbenfrohen Blütenteppich an der Wand des Gewächshauses entdeckt man neben Miltonien *(Miltonia)* auch Venusschuh *(Paphiopedilum)*, Spinnenorchidee *(Brassia)* und Malaienblume *(Phalaenopsis)*. Bemerkenswert ist auch die eher unauffällige *Epidendrum ilense*, eine Art, die mittlerweile in freier Natur vermutlich nicht mehr vorkommt.

Orchideensammlung, Longwood Gardens,
Kennett Square/Pennsylvania

Lotosblumenteiche, Kenilworth Aquatic Gardens, Washington D.C.

Seerosen, Kenilworth Aquatic Gardens, Washington D.C.

SEITE 54: Am schönsten blühen die Lotosblumen in den Kenilworth Aquatic Gardens Mitte Juli. Die Vorstellung beginnt in der Morgendämmerung, wenn sich Tausende rosafarbener und weißer kugeliger Knospen gleichzeitig langsam öffnen. Die großen Blüten, die über den skulpturalen Blättern zu schweben scheinen, erinnern an altägyptische Friese und japanische Wandschirme. Der hier gezeigte Teich von der Größe eines Fußballplatzes wurde im sumpfigen Überschwemmungsbereich entlang des Anacostia River ausgebaggert.

Angelegt wurde der Wassergarten ab 1880 von Walter B. Shaw, einem Beamten im amerikanischen Finanzministerium. Aus dem anfänglichen Hobby entwickelte sich eine lebenslange Leidenschaft. Als der Fortbestand des Parks in den 1930er-Jahren gefährdet war, sprang die Regierung ein und schuf den einzigen amerikanischen Nationalpark, der sich ganz auf Wasser- und Sumpfpflanzen spezialisiert hat.

SEITE 55: Auf mehreren Teichen gedeihen ausschließlich tropische Seerosen. Besonders auffallend ist *Victoria amazonica* aus Südamerika, deren an runde Backbleche erinnernde Blätter einen Durchmesser von bis zu 1,8 Metern erreichen. Im Winter lagern die Rhizome in Gewächshäusern, und im Frühjahr werden sie wieder ins Freie gebracht.

RECHTS: Gut geschützt durch Gitter und Alarmanlagen, sind im luftigen John Y. Naka North American Pavilion im National Arboretum von Washington D.C. kostbare Bonsai-Exemplare aufgereiht (von links nach rechts): Waldkiefer *(Pinus sylvestris)*, *Planera aquatica*, Chinesischer Wacholder (*Juniperus chinensis* 'Femina'), Weißdorn *(Crataegus marshallii)* und Gewöhnlicher Wacholder *(Juniperus communis)*. Das Arboretum besitzt die größte Bonsai- und Penjingsammlung in den Vereinigten Staaten, die u.a. außergewöhnliche Exemplare aus China und Japan sowie Nordamerika umfasst.

Bonsaisammlung, National Arboretum, Washington D.C.

Eine Aufsehen erregende Gruppe aus vier Hänge-Rotbuchen (*Fagus sylvatica* 'Pendula') prangt im Garten von The Elms, einem der vornehmsten Landsitze in Newport/Rhode Island. Unter der Baumglocke ist es weit und kühl und das Licht gedämpft wie in einer Kathedrale. Das Wohngebäude, das bis ins Detail einem französischen Schloss des 18. Jahrhunderts nachempfunden ist, diente dem reichen Kohlenminenbesitzer Edward J. Berwind aus Pennsylvania als Sommerresidenz. Umgeben ist es von einem weitläufigen, im klassizistischen Stil gehaltenen Park mit einem Senkgarten, Marmorpavillons, Springbrunnen und einer Gehölzsammlung.

Hänge-Rotbuchen, The Elms,
Newport/Rhode Island

Bergulmen am Wasser, Linwood/New York

GANZ LINKS: Sämtliche Exemplare der Bergulmensorte *Ulmus glabra* 'Camperdownii' stammen von dem Baum ab, den der Graf von Camperdown 1640 auf seinem Grundbesitz im schottischen Dundee mit einem Reiser pfropfte, den er am Waldboden entdeckt hatte. Diese drei kräftigen Exemplare an einem abgeschiedenen Schwimmbecken stehen seit fast hundert Jahren in Linwood im Norden des Bundesstaates New York. Den Landsitz schuf William Henry Gratwick II., ein Holzunternehmer und Reeder aus Buffalo, Anfang des 20. Jahrhunderts. Sein Sohn Bill Gratwick III. legte zahlreiche Einzelgärten auf dem Gelände an; er machte sich als Künstler und als Züchter von Strauchpfingstrosen (LINKS) einen Namen.

Fast transparent wirkender Geschlitztblättriger Japanischer Fächerahorn (*Acer palmatum* der Gruppe Dissectum Atropurpureum) prangt im Herbstkleid unweit der Schokoladenfabrik Hershey in den sanften Hügeln des südlichen Pennsylvania. Die etwa drei Meter hohen, sechzig Jahre alten Exemplare gehören zu einer umfangreichen Sammlung von Bäumen, die locker über die Gartenanlage verteilt sind.

Japanischer Fächerahorn, Hershey Gardens/Pennsylvania

RECHTS: Nach einem blütenreichen Sommer liegt im Herbst eine melancholische Stimmung über dem Rosengarten von Hershey Gardens. Der 1936 von dem Schokoladenfabrikanten Milton Hershey angelegte Park beherbergt heute über siebentausend Rosen in 275 verschiedenen Auslesen, darunter *Rosa* 'New Dawn', die hier einen zierlichen Bogen schmückt.

LINKS: Die Form der sechs Meter hohen Hängefichte (*Picea abies* 'Pendula') erinnert an einen Hundewelpen, der sich an diesem nebligen Morgen einen Augenblick vom Herumtollen ausruht.

Herbstlicher Rosenbogen, Hershey Gardens/Pennsylvania

In der warmen Herbstwitterung Neuenglands legt dieser Riesenkürbis ('Dill's Atlantic Giant') unter seinem schützenden Baldachin stündlich an Gewicht zu. Nicht lange nachdem dieses Foto entstand, trug er seinem Besitzer Dave Hampton bei der alljährlichen Prämiierung des schwersten Kürbisses von Cape Cod den ersten Preis ein. Bis dahin hatte er die typisch orange Farbe angenommen und es auf stattliche 225 Kilogramm gebracht.

Rekordkürbis, Cape Cod/Massachusetts

Chrysanthemenfelder, Mums by Paschke, North East/Pennsylvania

Das milde Klima um den Eriesee sichert den sechzigtausend Chrysanthemen auf dem Gelände von Mums by Paschke, einer Gärtnerei in North East/Pennsylvania, eine lange Wachstumsperiode. Über 150 aus bewurzelten Stecklingen gezogene Sorten werden in einem rustikal eingerichteten Laden am Straßenrand verkauft. Außerdem beliefert der Familienbetrieb Kunden in der gesamten östlichen Hälfte der Vereinigten Staaten.

Die von zierlichen Metallgeländern und niedrigen Eibenhecken gesäumten berühmten »Blauen Stufen« von Naumkeag führen durch ein kunstvoll angelegtes Dickicht aus Papierbirken *(Betula papyrifera)* empor. Den Landsitz, zu dem ein von dem Architekten Sanford White entworfenes, mit Schindeln verkleidetes elegantes Wohnhaus gehört, schuf der New Yorker Anwalt Joseph Hodges Choate in den 1880er-Jahren. Seine Tochter Mabel, die sich leidenschaftlich für Gartengestaltung interessierte, beauftragte den bekannten Landschaftsarchitekten Fletcher Steel damit, gemeinsam mit ihr mehrere Gartenbereiche zu gestalten. Den Höhepunkt ihrer Zusammenarbeit bildeten 1938 die »Blauen Stufen«. Ursprünglich waren sie schlicht als Weg für Miss Choate vom Wohnhaus zum Schnittblumengarten gedacht, doch dann entstand ein überaus kunstvolles, komplexes Ensemble, das heute zu den Klassikern der amerikanischen Gartenkunst zählt.

Papierbirken, Naumkeag,
Stockbridge/Massachusetts

Renaissancegarten, Sonnenberg Gardens, Canandaigua/New York

Broderie, Tyron Palace, New Bern/North Carolina

SEITE 72: Die Sonnenberg Gardens bergen vier Broderieparterres im Renaissancestil, die eindeutig französischen Einfluss aufweisen. Das einem farbenprächtigen Wappen gleichende Arrangement besteht aus Buntnessel (*Solenostemon* 'Red Velvet' und 'Goldie'), Silbergreiskraut (*Senecio cineraria* 'Silver Dust') und Papageienblatt *(Alternanthera ficoidea)*. Das ausgedehnte Gelände in Canandaigua im Bundesstaat New York mit seinen elf Themengärten ließ Mary Clark Thompson, die Witwe eines prominenten New Yorker Bankiers, zwischen 1902 und 1923 anlegen.

SEITE 73: Ein Parterre im Stil des 18. Jahrhunderts mit geschwungenen Hecken aus Stechpalme *(Ilex vomitoria)* ist hier mit elfenbeinfarbenen Einfachen Späten Tulpen (*Tulipa* 'Maureen') und weißen Stiefmütterchen (*Viola* 'Crystal Bowl') bepflanzt. Der Garten gehört zu dem umsichtig restaurierten Tyron Palace, der Anfang der 1770er-Jahre, als North Carolina noch britische Kolonie war, als Residenz für den königlichen Gouverneur erbaut wurde. Die Pflasterung der spiralig verlaufenden Wege mit in Rollschicht verlegten roten Ziegelsteinen weist den unverkennbar europäisch beeinflussten Garten als typisch amerikanische Anlage aus.

RECHTS: Dieser Senkgarten gehört zu einer ganz im Stil eines englischen Lustgartens des 16. Jahrhunderts gehaltenen Anlage auf der Insel Roanoke in North Carolina, die da entstand, wo Sir Walter Raleigh 1585 die erste britische Niederlassung gründete und wo Virginia Dare, das erste Kind eines englischen Elternpaars in Amerika, geboren wurde. Der Garten erinnert an die »verlorene Kolonie«, die 1590 verlassen vorgefunden wurde. Geometrische Buchsparterres, die im Frühjahr mit weißen, gelben und blauen Stiefmütterchen bepflanzt sind, werden von noch unbelaubten *Lagerstroemia indica* bewacht. Das Zentrum bildet ein äußerst wertvoller italienischer Springbrunnen aus dem 15. Jahrhundert mit Becken und Balustrade – ein Geschenk John Hay Whitneys, in den 1950er-Jahren Botschafter am Hof von St. James.

Senkgarten in den Elizabethan Gardens, Roanoke Island/North Carolina

Wem dieser Anblick bekannt vorkommt, der täuscht sich nicht: Die Eichenallee, die zur Plantage Boone Hall bei Charleston in South Carolina führt, diente schon in manchem Hollywood- und Fernsehfilm als Kulisse. Boone Hall zählt zu den ältesten noch heute betriebenen Plantagen im amerikanischen Süden. Gegründet wurde sie 1681 von Major John Boone, der zu den ersten englischen Siedlern in South Carolina gehörte. Viele der mit Tillandsien behangenen Eichen hat sein Sohn Captain Thomas Boone gepflanzt.

Eichen mit Tillandsien-Bärten, Boone Hall Plantation, Charleston/South Carolina

Irrgarten, Magnolia Plantation, Charleston/South Carolina

GANZ LINKS: Der Irrgarten der Magnolia Plantation kann als gelungene amerikanische Interpretation einer englischen Urform gelten. Als Vorbild diente der von Heinrich VIII. entworfene Irrgarten von Hampton Court, wobei man jedoch statt Buchsbaum fünfhundert Kamelien *(Camellia sasanqua)* pflanzte und Stechpalmen dazwischen setzte. Neben dem Irrgarten umfasst der Garten weitere romantisch gestaltete Bereiche, die dem Sumpfland (LINKS) abgerungen wurden und in denen Sumpfzypressen, Azaleen und Kamelien wachsen und u.a. Alligatoren und Amerikanische Graureiher leben. Das Anwesen Magnolia Plantation war dreihundert Jahre lang im Besitz des amerikanischen Zweigs der Familie Drayton, deren Stammbaum sich bis zu den Normannen zurückverfolgen lässt und deren Stammsitz Drayton House sich in Northampton/England befindet.

Auf der Orton Plantation in North Carolina bilden alte Eichen ein lichtes Schattendach über den Azaleen, die Anfang April in voller Blüte stehen. Vor dem Amerikanischen Bürgerkrieg eine bedeutende Reisplantage, präsentiert sich Orton Plantation heute als stolze Sammlung typischer Pflanzen des amerikanischen Südens wie Kamelien, Magnolien, Oleander, Rhododendren und Azaleen. Auf dem Foto sind früh blühende *Rhododendron-Kurume*-Hybriden 'Coral Bells' zu sehen, die den Weg vom Herrenhaus zur Lagune überwuchern.

Azaleengarten, Orton Hall, Wilmington/North Carolina

Dieser mächtige Banyanbaum ist aus einem kleinen Schössling in einem Zwanzig-Liter-Pflanzgefäß herangewachsen, der 1937 in den Cypress Gardens von Florida ausgepflanzt wurde. Der tropische Feigenbaum aus Indien *(Ficus benghalensis)* dehnt sich vor allem in die Breite aus. Von seinen waagerechten Ästen wachsen Luftwurzeln nach unten, die sich im Boden verankern und zu Stämmen verdicken. So stützen sie die ausladende Baumkrone. Damit der Baum nicht die anderen Pflanzen im Park verdrängt, wird er jedes Jahr zurückgeschnitten. Die Anlage Cypress Gardens ist mit rund achttausend Arten und Formen aus neunzig Ländern eine der weltgrößten Sammlungen tropischer und subtropischer Pflanzen.

Banyanbaum, Cypress Gardens/Florida

Grüne Sonntagsmalerin, Cypress Gardens/Florida

Die Anlage Cypress Gardens am Ufer des Lake Eloise erschließt sich dem Besucher als Folge malerischer Kompositionen. Tatsächlich nahm der Grundstücksmakler und Werbefachmann Dick Pope senior, der diese tropische Fantasielandschaft in den Jahren der Weltwirtschaftskrise aus ödem Sumpfland schuf, die Grobplanung seines Grundstücks vor, indem er es mit der Kamera erwanderte. Hier ist eine Südstaatlerin zu sehen – eine Skulptur aus Sumpfmoos und Efeu *(Hedera helix)* –, die eine der vielen Sumpfzypressen »auf die Leinwand bannt«, nach denen der Park benannt ist.

Vogelweibchen mit Jungen, Cypress Gardens/Florida

Lindwurm, Cypress Gardens/Florida

SEITE 86, SEITE 87 und RECHTS: Die Anlage Cypress Gardens kann als Vorläufer der heutigen themenorientierten Vergnügungsparks wie Disney World oder Busch Gardens gelten. Dick Popes Motto »Wenn's keinen Spaß macht, dann zum Teufel damit!« wird alljährlich beim Frühlingsblumenfest umgesetzt, wenn 24 überdimensionale Tierfiguren den Park bevölkern. Zu den Favoriten bei der botanischen Fauna gehören ein Kardinalsvogelweibchen, das seine Jungen füttert, ein 15 Meter langer Lindwurm und ein in leuchtenden Farben gehaltener tropischer Fisch.

Schöpfer der Figuren, deren Planung und Gestaltung etliche Monate erfordert, ist der Chefgärtner Joe Freeman. Kleine Tonmodelle dienen den technischen Mitarbeitern als Vorlage, wenn sie aus über 26 Kilometer Stahlrohr die Gerüste schweißen, auf die dann annähernd 15 Tonnen Pflanzsubstrat aufgebracht werden. 34.000 Fleißige Lieschen und Begonien, von Hand gepflanzt, sorgen für das farbenfrohe Äußere der Figuren, weitere 30.000 Pflanzen werden für die Beete benötigt. Während der acht Wochen, in denen die Figuren zu bestaunen sind, stellen mit Zeitschaltuhren gesteuerte Tröpfchenanlagen die Versorgung mit Wasser und Flüssigdünger sicher.

Begonienfisch, Cypress Gardens/Florida

Eine besondere Attraktion bei der alljährlichen internationalen Blumen- und Gartenschau von Epcot bilden die zweihundert mit leuchtenden Fleißigen Lieschen *(Impatiens walleriana)* bepflanzten »schwimmenden Inseln«. Hier posiert ein graziöser Silberreiher auf einer von ihnen. Während des sechswöchigen Ereignisses können die Besucher über 1200 Pflanzenarten aus aller Welt bewundern, die den 120 Hektar großen Park mit Millionen Blüten schmücken.

Inseln aus Fleißigen Lieschen mit Silberreiher, Epcot, Walt Disney World Resort bei Orlando/Florida (Abdruck mit frdl. Genehmigung von Disney Enterprises, Inc.)

RECHTS: Dieser lichte Hain aus glattrindigen Wachspalmen *(Copernicia baileyana)* bildet nur einen kleinen Teil der umfassenden Palmensammlung der Fairchild Tropical Gardens in der Nähe von Miami. Über fünfhundert Palmenarten – darunter die Buripalme *(Corypha utan,* LINKS*)* mit ihren Riesenwedeln – säumen zahlreiche Teiche und Seen, in denen sich Alligatoren tummeln. Ihren Namen verdankt die Einrichtung, die zu den größten Palmengärten der Welt zählt und sich für die Förderung der botanischen Forschung und die Erhaltung seltener Arten einsetzt, dem Botaniker und Pflanzenforscher David Fairchild, der in den 1940er-Jahren einen großen Teil der Sammlung zusammentrug.

Von Palmen gesäumter Weg, Fairchild Tropical Gardens, Coral Gables/Florida

An einer stark frequentierten Straßenkreuzung nahe der Innenstadt von Tucson/Arizona fühlt man sich in die Wüsten des amerikanischen Südwestens versetzt. Typische Wüstenpflanzen, beispielsweise Saguaro-Kaktus *(Carnegiea gigantea)*, Kandelaber-Kaktus *(Fouquieria splendens)* und Rauschopf *(Dasylirion wheeleri)*, die äußerst wenig Pflege erfordern und in dieser Umgebung hervorragend gedeihen, wurden hier großzügig am Straßenrand verteilt. Das Foto entstand kurz nach der Anpflanzung. Im Laufe der Zeit hat sich der Streifen am Highway zu einer grüneren, weit weniger öden Landschaft entwickelt. Das Projekt wurde unter der Ägide des Landschaftsarchitekten John Hucko von der Acacia Group realisiert.

Kakteen am Straßenrand, Tucson/Arizona

RECHTS: Ein faszinierendes Bild bietet sich den Besuchern am Südeingang des Huntington Desert Garden in San Marino/Kalifornien. Der Park beherbergt eine der bedeutendsten Sammlungen von Kakteen und Sukkulenten – eine »lebende Enzyklopädie« mit über tausend Arten. Auf kleinstem Raum finden sich hier u.a. folgende Arten: Königin der Nacht *(Hylocereus undatus)*, Saguaro-Kaktus *(Carnegiea gigantea)*, Schwiegermuttersessel *(Echinocactus grusonii)*, Kleinborstige Opuntie *(Opuntia microdasys)* und als Bodendecker blaugraues Greiskraut *(Senecio serpens)*.

LINKS OBEN: *Machaerocereus eruca*.

LINKS: Gelb gestreifte Amerikanische Agave (*Agave americana* 'Variegata').

Huntington Desert Garden, San Marino/Kalifornien

Bis zu achtzig Jahre alt sind diese Schwiegermuttersessel *(Echinocactus grusonii)* im Huntington Desert Garden, die sich auf die schattigen Stellen unter Elefantenfuß *(Beaucarnea recurvata)* und *Trichocereus pasacana* zuzubewegen scheinen. Das Gelände, auf dem heute außer dem großen botanischen Garten eine Bibliothek und ein Kunstsammlung untergebracht sind, gehörte früher zu der Ranch, auf der der kalifornische Eisenbahnpionier Henry E. Huntington die Wintermonate verbrachte. Ein großer Teil der Pflanzen und Steine aus anderen Bundesstaaten sowie aus Mexiko gelangte in Huntingtons eigenen Güterwaggons zum Park.

Schwiegermuttersessel, Huntington Desert Garden, San Marino/Kalifornien

Tim Currys Garten (Ostteil), Hollywood/Kalifornien

Tim Currys Garten (Nordteil), Hollywood/Kalifornien

Kleinborstige Opuntien, Fullerton Arboretum, Fullerton/Kalifornien

SEITE 100 und 101: Nachdem der britische Bühnen- und Filmschauspieler Tim Curry eine abgeschiedene Hacienda bei Griffith Park in den Hügeln von Hollywood gekauft hatte, machte er sich als Erstes daran, den vernachlässigten Garten auf Vordermann zu bringen. Er ließ rund vierzig Tonnen Schutt abtransportieren und entdeckte dabei zu seiner großen Freude die Konturen eines Gartens, den der Architekt Stiles O. Clements in den 1920er-Jahren angelegt hatte. Gemeinsam mit dem Landschaftsgestalter Barry Sattels begann Curry Steinwege, Teiche und Wasserläufe freizulegen – ein Unterfangen, das sich zu einem umfassenden archäologischen Projekt auswuchs. Anschließend bepflanzten sie das knapp einen Hektar große, teils extrem steile, amphitheaterähnliche Areal mit Palmen, Kakteen und Sukkulenten, die eine eindrucksvolle Sammlung darstellen.

Dicht an dicht gedeihen heute in Currys Garten die unterschiedlichsten Aloen (z.B. *Aloe striata*), stachelige Rauschöpfe *(Dasylirion wheeleri)*, leuchtende Wolfsmilch *(Euphorbia tirucalli)*, Schwiegermuttersessel *(Echinocactus grusonii)* und Säulenkakteen *(Trichocereus)*.

LINKS: Anders als die übrigen Vertreter der Feigenkakteen sind die Kleinborstigen Opuntien *(Opuntia microdasys)* zwar nicht mit langen Stacheln bestückt, doch ihre wie Pölsterchen wirkenden Glieder haben winzige Stacheln mit Widerhaken (Glochidien), die sich leicht in die Haut bohren und Schmerzen verursachen. Diese Ansammlung Kleinborstiger Opuntien findet sich im Arboretum von Fullerton, einem großen botanischen Garten auf dem Gelände der California State University.

Bei der Bepflanzung des trockenen und windigen südlichen Vorsprungs des Getty Center entschieden sich die Landschaftsarchitekten Laurie Olin und Dennis McGlade für ein Aufsehen erregendes Ensemble, das sich dem Besucher nur erschließt, wenn er von oben darauf herabblickt. Die gestreiftblättrigen Amerikanischen Agaven (*Agave americana* 'Variegata'), Schwiegermuttersessel *(Echinocactus grusonii)* und kneifzangenförmigen psychotropen San-Pedro-Kakteen *(Trichocereus pachanoi)* muten wie eine Miniaturstadt an, die auf raffinierte Weise die Silhouette des in dunstiger Ferne sichtbaren Los Angeles spiegelt. Kritiker haben die unzugängliche Terrasse einmal mit einem Landeplatz für Außerirdische verglichen oder – prosaischer – mit einer Kakteengroßgärtnerei.

Dachgarten mit Kakteen, J. Paul Getty Center, Los Angeles/Kalifornien

RECHTS: Einen Blickfang in der Gartenanlage des Getty Center bildet dieses Azaleenlabyrinth, das in einem Wasserbecken zu treiben scheint. Der zugleich spirituell und sinnlich anmutende Garten mit seiner üppigen Bepflanzung und einem vielfach gewundenen Wasserlauf wurde von dem Künstler Robert Irwin geplant. Er ist eine kühle Oase, in der die Beschäftigten, die in dem von Richard Meier entworfenen schimmernden Bau aus Travertin (LINKS) arbeiten, gern ihre Mittagspause verbringen.

Azaleenlabyrinth, J. Paul Getty Center, Los Angeles/Kalifornien

Der bizarre, verschlungene Wuchs der sukkulenten Wolfsmilch *(Euphorbia ingens)* scheint die schillernde Persönlichkeit der verstorbenen Besitzerin des Parks, Ganna Walska, widerzuspiegeln. Die polnische Opernsängerin erwarb das Anwesen, dem sie später den Namen »Lotusland« gab, im Jahr 1941. Sie hatte nicht nur eine Vorliebe für millionenschwere Ehemänner (es waren sechs an der Zahl), sondern auch für tibetische Mystik und extravagante Gartengestaltung. Um ihr Grundstück mit der in den 1920er-Jahren im mediterranen Stil erbauten Villa zu verschönern, erwarb sie ganze Wagenladungen voll Kakteen und Wolfsmilch.

Sukkulente Wolfsmilch, Lotusland, Montecito/Kalifornien

Das 15 Hektar große Areal von Lotusland beherbergt verschiedene Gartenbereiche, die jeweils bestimmten Pflanzengruppen oder einem Thema gewidmet sind und den Besucher stets aufs Neue überraschen. Die Sammlung urtümlicher Palmfarne im Cycadeengarten hat Weltrang, im eigenwilligen Aloengarten beeindrucken riesige Meeresschneckengehäuse, und Lotosblumen beherrschen den Wassergarten.

LINKS OBEN: Traumhaft wirkt der »Blaue Garten« mit der Parade aus mexikanischen Fächerpalmen über einem Teppich aus blaugrauem Greiskraut *(Senecio mandraliscae)* und blaugrünem Blauschwingel *(Festuca glauca)*.

LINKS: Im Japanischen Garten neigt der außergewöhnliche Bambus *Chusquea coronalis* aus Costa Rica seine biegsamen Halme anmutig über einen kleinen »See« aus Bubiköpfchen *(Soleirolia soleirolii)*.

RECHTS: Zu einem ungezwungenen Ensemble gruppiert, bewachen Agaven *(Agave franzosinii)* und *Furcraea bedinghausii* den Bromelienbereich.

Agavensammlung, Lotusland, Montecito/Kalifornien

In Form geschnittene australische Rosenäpfel *(Syzygium paniculatum)* flankieren den Weg zum Schwimmbecken im Farngarten von Lotusland. Die übergroßen australischen Baumfarne *(Cyathea cooperi)* daneben erreichen bis zu 4,5 Meter Höhe. Madame Walska, die frühere Gartenbesitzerin, liebte es in fortgeschrittenem Alter (sie wurde 97), auf den Wegen ihres geliebten Rückzugsortes gemächlich zu promenieren.

Farngarten, Lotusland, Montecito/Kalifornien

Der größte Feigenbaum der Vereinigten Staaten, Santa Barbara/Kalifornien

LINKS: Aus einem Sämling, den ein Seemann 1876 mitbrachte, entwickelte sich der größte Feigenbaum Nordamerikas, ein Australischer Banyanbaum *(Ficus macrophylla)*. Seine stattliche Krone hat einen Durchmesser von über 53 Metern; damit ist der Baum doppelt so breit wie hoch. 1970 erklärte die Stadt Santa Barbara ihn zum historischen Wahrzeichen.

SEITE 116: Auf den Hügeln oberhalb von Pismo Beach schießen geräumige Fertighäuser, spöttisch »McMansions« genannt, wie Pilze aus dem Boden; sie bieten ihren Bewohnern eine prachtvolle Sicht aufs Meer. Davor schmücken frisch gepflanzte Azaleen und andere bodendeckende Pflanzen einen großen Teppich aus Jutegewebe, der die Feuchtigkeit im Erdreich halten und Bodenerosion verhindern soll. Pismo Beach, ein traditioneller kalifornischer Ferienort auf halbem Wege zwischen Los Angeles und San Francisco, ist bei Urlaubern wegen seiner Muscheln geschätzt, aber auch, weil man hier Wale und den Zug der Monarchfalter beobachten kann.

SEITE 117: Würfel aus Großblättriger Steineibe *(Podocarpus macrophyllus)* und Magnolien flankieren ein langes Wasserbecken in der Innenstadt von Los Angeles, in dem sich ein pyramidenförmiger Springbrunnen und ein verglaster Wolkenkratzer spiegeln. Die friedvolle Szenerie inmitten des großstädtischen Trubels schuf der Landschaftsarchitekt Joe Yee. Sie entstand im Rahmen des ehrgeizigen, mit zwei Milliarden Dollar veranschlagten Sanierungsprojekts California Plaza, das Bürohäuser, ein Luxushotel, ein Museum für zeitgenössische Kunst, fußgängerfreundliche öffentliche Plätze und weitere Brunnen umfasst.

Junge Hangbefestigung in einem Wohngebiet in Pismo Beach/Kalifornien

Steineibenwürfel, California Plaza, Los Angeles/Kalifornien

RECHTS: Der Zierstreifen aus Chinesischem Wacholder (*Juniperus chinensis* 'Torulosa') und Bougainvilleen lässt stets erkennen, woher der Wind weht. Die kontrastreiche Bepflanzung säumt die Zufahrt zu einem exklusiven Wohnwagenpark auf einer Klippe über dem Pazifik im kalifornischen Palos Verdes. Die »Age 55 and Better Community« bietet einen Golfplatz mit neun Löchern, Tennisplätze mit Flutlicht, eine Shuffleboard-Anlage und einen beheizten Swimmingpool – alles geschützt durch ein rund um die Uhr besetztes Pförtnerhaus. Unweit der Anlage schmücken üppig wuchernde Bougainvilleen einen öffentlichen Parkplatz (LINKS).

Wacholder und Bougainvilleen, Palos Verdes/Kalifornien

Bei der ersten Entdeckungsreise der Franzosen in den pazifischen Raum stieß der Naturforscher Philibert Commerson in Brasilien auf eine auffällig gefärbte Rankpflanze, die er nach dem Schiffskapitän Louis-Antoine de Bougainville benannte. Heute ziehen *Bougainvillea* 'Barbara Karst' und 'Brasiliensis', die am Spalier gezogen eine lange Mauer in der Nähe des eleganten Los Feliz Boulevard schmücken, die Blicke der Autofahrer auf sich. Die lebhafte Färbung weisen nicht die winzigen Blüten auf, sondern die papierartigen Hochblätter, die sie umschließen.

Mauer mit Bougainvilleen, Los Feliz/Kalifornien

Palmenparade, Newport Beach/Kalifornien

Verschönerungsprojekt Las Vegas Strip, Las Vegas/Nevada

Blütenpracht an einem Autobahnkreuz, Carlsbad/Kalifornien

SEITE 122: Nach Sonnenuntergang sieht man vielerorts in Kalifornien und Nevada von Scheinwerfern angestrahlte Pflanzen leuchten. Zu den größten zählen die oftmals wie Revuegirls aufgereihten Kanarischen Dattelpalmen *(Phoenix canariensis)*, wie hier an der Zufahrt zu Fashion Island, einem gigantischen Einkaufszentrum in Newport Beach/Kalifornien.

SEITE 123: Palmen in Hülle und Fülle säumen den Mittelstreifen des Las Vegas Boulevard vor der schwarzen Pyramide des Hotels Luxor mit angegliedertem Kasino. Bewacht wird das Hotel, in dem eine Nachbildung der Grabkammer König Tutanchamuns zu bewundern ist, von einer riesenhaften Sphinx. Davor ragen neben den allgegenwärtigen Kanarischen Dattelpalmen Hanfpalmen *(Trachycarpus fortunei)* und Hybriden zwischen *Butia-* und *Syagrus*-Palmen auf. Das 1996 abgeschlossene Verschönerungsprojekt, in dessen Zuge u.a. rund 76.000 Palmen und Sträucher gepflanzt wurden, verschlang 13 Millionen Dollar.

LINKS: Während Autobahnkreuze in Kalifornien in der Regel unauffällig sind, ziehen die Bonbonfarben an einer Ausfahrt der Interstate 5 in der Nähe von Carlsbad die Blicke auf sich. Das leuchtend rosafarbene Mittagsblumengewächs *Drosanthemum floribundum* bildet mit roten Inseln aus Hängepelargonien *(Pelargonium peltatum)* einen farbenfrohen Teppich, über den im Gänsemarsch zitronenartig duftende Eukalyptusbäume *(Eucalyptus citriodora)* »wandern«. Die fantasievolle Bepflanzung schuf die für Caltrans tätige Landschaftsarchitektin Heidi P. Martin, für die Pflege sind Mitarbeiter des nahe gelegenen Legoland-Freizeitparks zuständig.

RECHTS: Die in Vorderasien heimische Ranunkel (*Ranunculus asiaticus*, LINKS) gehört zur Familie der Hahnenfußgewächse. In den 1920er-Jahren brachte der Botaniker Luther Gage einige Samen der exotischen Art aus England mit und stellte fest, dass die Pflanzen im Klima der kalifornischen Küste bei San Diego mit ihren milden Wintern und trockenen Sommern hervorragend gedeihen. Im Laufe der Zeit entstanden durch immer wieder neue Kreuzungen zahlreiche Sorten, die heute die Existenzgrundlage des im wahrsten Sinne des Wortes florierenden Unternehmens The Flower Fields darstellen – einer Kombination aus Produktionsbetrieb und Gartencenter, die mittlerweile als Touristenattraktion gilt und über 150.000 Besucher pro Jahr anlockt.

The Flower Fields, Carlsbad/Kalifornien

Man könnte meinen, der Bogen aus weiß blühenden Banksrosen *(Rosa banksiae)*, einer aus China stammenden Art, würde von den Hochspannungsleitungen im Hintergrund gespeist, so üppig ist die Blütenfülle. Das Rosarium der Descanso Gardens wurde Ende der 1940er-Jahre von dem bedeutenden Rosenzüchter Walter Lammerts angelegt und 1994 restauriert. Im Sommer blühen hier auf rund zwei Hektar über viertausend Rosen, harmonisch ergänzt durch Stauden und Sträucher. Eigentümer des Anwesens, das für seinen wunderschönen Kamelienhain berühmt ist, war der Zeitungsverleger Manchester Boddy, der es 1937 schuf und ihm den Namen »Rancho del Descanso« gab.

Rosenbogen, Descanso Gardens,
La Canada/Kalifornien

Die größte Glyzinie der Vereinigten Staaten, Sierra Madre/Kalifornien

Ob die Inschrift auf der Tafel bei einer üppig wuchernden Glyzinie in einem lauschigen Hinterhof in Sierra Madre wirklich zutrifft?

DIE GRÖSSTE BLÜTENPFLANZE DER WELT
DIESE WELTBERÜHMTE GLYZINIE GEHÖRT ZU DEN SIEBEN GÄRTNERISCHEN WELTWUNDERN. DAS GUINNESS-BUCH DER REKORDE FÜHRT SIE ALS »GRÖSSTE BLÜTENPFLANZE DER WELT«. SIE WURDE 1894 AUS EINEM VIER-LITER-TOPF AUSGEPFLANZT UND HAT SICH SEITDEM ÜBER FAST VIERTAUSEND QUADRATMETER FLÄCHE AUSGEBREITET. WÄHREND IHRER FÜNFWÖCHIGEN BLÜHZEIT TRÄGT SIE ÜBER 1.500.000 EINZELBLÜTEN.

»Roozengaarde« nennt sich der fantasievoll gestaltete Schaugarten für Tulpen und andere Frühlingsblumen, der alljährlich zum Tulpenfest von Skagit Valley zahlreiche Besucher anlockt. Hier »schwebt« ein wolkenförmig beschnittener Wacholder über einem Beet aus Tulpen (*Tulipa* 'Red Apeldoorn', 'Yellow Apeldoorn' und 'Angélique') sowie Narzissen (*Narcissus* 'Red Hill' und 'Geranium'). Umschlossen ist der Garten von Weiden *(Salix discolor)*, die gekappt werden, damit ihr Wachstum unter Kontrolle bleibt.

Schaugarten Roozengaarde, Skagit Valley/Washington

Ein Meer aus scharlachroten Tulpen (*Tulipa* 'Île de France') bedeckt zwölf Hektar sandigen Boden im Skagit Valley nahe dem Puget Sound. In dieser Gegend siedelten sich ab den 1930er-Jahren holländische Auswanderer an, nachdem die Bundesregierung den Import von Blumenzwiebeln verboten hatte. Zu ihnen gehörten William und Helen Roozen, die 1947 aus den Niederlanden einwanderten, um eine Familie zu gründen und sich wie schon ihre Vorfahren der Tulpenzucht zu widmen. Dem Ehepaar war in jeder Hinsicht Erfolg beschieden: Davon zeugt das florierende Familienunternehmen Washington Bulb Company ebenso wie die stattliche Zahl der 35 Enkelkinder.

Tulpenfeld der Washington Bulb Company,
Skagit Valley/Washington

Großflächige Pappelanzucht, Skagit Valley/Washington

Pappelpflanzungen, deren Betreiber das Klonen zu einer hohen Kunst entwickelt haben, sind im Nordwesten der Vereinigten Staaten ein Erwerbszweig mit enormen Umsatzchancen. Der Anbau erfolgt eher nach landwirtschaftlichen als forstwirtschaftlichen Methoden: Schon sechs Jahre nach dem Auspflanzen erreichen die schnell wachsenden Pappelhybriden eine Durchschnittshöhe von 18 Metern und sind damit erntereif. Derzeit sind in den Bundesstaaten Washington und Oregon gut 18.000 Hektar bepflanzt; das gewonnene Faserholz dient der Erzeugung verschiedener Papierprodukte.

RECHTS: Zu Beginn des 20. Jahrhunderts ließ der Goldminenbesitzer William Bowers Bourne II. in der Hügellandschaft südlich von San Francisco den eindrucksvollen Landsitz Filoli anlegen. Dem außergewöhnlich günstigen Kleinklima dieses zauberhaften Fleckchens Erde ist es zu verdanken, dass zweihundert aus Irland importierte Eibenstecklinge bald zu stolzer Größe heranwuchsen. Sie verleihen der weitläufigen, vielteiligen Gartenanlage ihr charakteristisches Gepräge. Diese imposante Allee führt zum High Place, einer Stelle, von der aus man einen wunderschönen Blick auf den Garten, das Landhaus und die angrenzenden Felder hat. Der Knotengarten en miniature (LINKS), der gerade einmal 1,2 Meter im Quadrat misst, befindet sich in einem Knotengarten herkömmlicher Größe.

Eibenallee, Filoli Gardens, Woodside/Kalifornien

Öffentlich zugängliche Gartenanlagen

Die nachfolgend genannten Gärten und Arboreten sind für Besucherinnen und Besucher zugänglich. Informationen über Öffnungszeiten, Eintrittspreise, Führungen und Anfahrtswege können schriftlich oder telefonisch angefordert oder auf den jeweiligen Webseiten abgerufen werden.

Boone Hall Plantation
Post Office Box 1554
Mount Pleasant/South Carolina 29465
USA
Tel.: 001 (843) 884-4371
www.boonehallplantation.com

Cullen Gardens
300 Taunton Road, West
Whitby/Ontario L1N 5R5
Kanada
Tel.: 001 (905) 668-6606
www.cullengardens.com

Cypress Gardens
Post Office Box 1
Cypress Gardens/Florida 33884-0009
USA
Tel.: 001 (800) 282-2133 oder 001 (863) 324-2111
www.cypressgardens.com

Descanso Gardens
1418 Descanso Drive
La Canada/California 91011-3102
USA
Tel.: 001 (818) 952-4400
www.descanso.com

Elizabethan Gardens
Elizabethan Garden Club of North Carolina, Inc.
Post Office Box 1150
Manteo/North Carolina 27954
USA
Tel.: 001 (252) 473-3234
www.outerbanks.com/elizabethangardens

The Elms
Newport/Rhode Island
Postadresse:
The Preservation Society of Newport County
424 Bellevue Avenue
Newport/Rhode Island 02840-6924
USA
Tel.: 001 (401) 847-1000
www.newportmansions.org

Fairchild Tropical Garden
10901 Old Cutler Road
Coral Gables/Florida 33156-4233
USA
Tel.: 001 (305) 667-1651
www.ftg.org

Filoli Gardens
86 Canada Road
Woodside/California 94062-4144
USA
Tel.: 001 (650) 366-7836
www.filoli.org

The Flower Fields
5704 Paseo Del Norte
Carlsbad/California 92008-4435
USA
Tel.: 001 (760) 431-0352
www.theflowerfields.com

Fullerton Arboretum
1900 Associated Road
(am Yorba Linda Boulevard)
Fullerton/California 92831-1659
USA
Tel.: 001 (714) 278-3579
www.arboretum.fullerton.edu

The J. Paul Getty Museum
Visitor Services (Besucherbetreuung)
1200 Getty Center Drive, Suite 1000
Los Angeles/California 90049-1687
USA
Tel.: 001 (310) 440-7305
www.getty.edu

Green Animals
Portsmouth/Rhode Island
Postadresse:
The Preservation Society of Newport County
424 Bellevue Avenue
Newport/Rhode Island 02840-6924
USA
Tel.: 001 (401) 847-1000
www.newportmansions.org/connoisseurs/greenanimals.html

Hershey Gardens
170 Hotel Road
Hershey/Pennsylvania 17033-9507
USA
Tel.: 001 (717) 534-3492
www.hersheygardens.com

The Huntington Library, Art Collections, and Botanical Gardens
1151 Oxford Road
San Marino/California 91108-1218
USA
Tel.: 001 (626) 405-2140
www.huntington.org

Kenilworth Park and Aquatic Gardens
National Park Service
1900 Anacostia Drive, SE
Washington D.C. 20020-6722
USA
Tel.: 001 (202) 426-6905
www.nps.gov/nace/keaq

Ladew Topiary Gardens
3535 Jarrettsville Pike
Monkton/Maryland 2111-1910
USA
Tel.: 001 (301) 57-9570
www.ladewgardens.com

Linwood
Linwood/New York
Tel.: 001 (585) 584-3229

Longwood Gardens
Post Office Box 501
Kennett Square/Pennsylvania 19348-0501
USA
Tel.: 001 (610) 388-1000
www.longwoodgardens.org

Ganna Walska Lotusland
695 Ashley Road
Santa Barbara/California 93108-1059
USA
Tel.: 001 (805) 969-3767
www.lotusland.org

Magnolia Plantation and Gardens
3550 Ashley River Road
Charleston/South Carolina 29414-7109
USA
Tel.: 001 (800) 367-3517 oder 001 (843) 571-1266
www.magnoliaplantation.com

Mums by Paschke
12286 East Main Road
North East/Pennsylvania 16428-3646
USA
Tel.: 001 (814) 725-9860

United States National Arboretum
3501 New York Avenue, NE
Washington D.C. 20002-1958
USA
Tel.: 001 (202) 245-2726
www.usna.usda.gov

Naumkeag
5 Prospect Hill Road
Stockbridge/Massachusetts 01262
USA
Tel.: 001 (413) 298-3239
www.berkshireweb.com/trustees/naumkeag.html

The Niagara Parks Commission
School of Horticulture
2565 Niagara Parkway
Post Office Box 150
Niagara Falls/Ontario L2E 6T2
Kanada
Tel.: 001 (905) 356-8554
www.niagaraparks.com

Orton Plantation Gardens
9149 Orton Road, SE
Winnabow/North Carolina 28479-5277
USA
Tel.: 001 (910) 371-6851
www.ortongardens.com

Roozengaarde
Tulips.com
Post Office Box 1248
Mt. Vernon/Washington 98273
USA
Tel.: 001 (866) 488-5477
www.tulips.com

Royal Botanical Gardens
680 Plains Road West
Burlington/Ontario L7T 4H4
Kanada
Tel.: 001 (905) 527-1158
www.rbg.ca

Sonnenberg Mansion and Gardens
151 Charlotte Street
Canandaigua/New York 14424-1363
USA
Tel.: 001 (585) 394-4922
www.sonnenberg.org

Stan Hywet Hall and Gardens
714 North Portage Path
Akron/Ohio 44303-1399
USA
Tel.: 001 (330) 836-5533
www.stanhywet.org

Tryon Palace Historic Sites and Gardens
Post Office Box 1007
New Bern/North Carolina 28563-1007
USA
Tel.: 001 (800) 767-1560 oder 001 (252) 514-4900
www.tryonpalace.org

Pflanzenregister

Bibliografische Information Der Deutschen Bibliothek
Die Deutsche Bibliothek verzeichnet diese Publikation in der Deutschen Nationalbibliografie; detaillierte bibliografische Daten sind im Internet über *http://dnb.ddb.de* abrufbar.

Aus dem Englischen übersetzt von Eva Schweikart

Die Originalausgabe erschien 2003 unter dem Titel *Extreme Horticulture* bei Frances Lincoln Ltd., 4 Torriano Mews, Torriano Avenue, London NW5 2RZ, Great Britain

Printed in China
ISBN 3-8067-2917-4

SEITE 2: Grinsende Kobolde aus Eibe, Cullen Gardens, Whitby/Ontario